QUESTIONS ? RÉPONSES ! 7+

Passion rugby

écrit par Jean-Michel Billioud
avec les conseils de Didier Retière
illustré par Jérôme Brasseur

Nathan

Sommaire

▲ La statue de Webb Ellis devant le collège de Rugby, en Angleterre.

Qui a inventé le rugby ?

Ce sport serait né dans une école de la ville anglaise de Rugby, en 1823. Selon la légende, le jeune William Webb Ellis, âgé de 16 ans, aurait pris le ballon dans les bras lors d'une partie de football avant de courir pour le porter dans le but adverse. Les premières règles sont établies dans les années 1840, mais la véritable séparation entre le football et le rugby n'aura lieu qu'en 1863. Pour rendre hommage à « l'inventeur » du rugby, le nom de Webb Ellis est gravé sur le trophée de la Coupe du monde.

Les différentes écoles anglaises s'affrontent lors de matchs acharnés ! ▼

INCROYABLE !

Les premiers ballons étaient tous différents car ils étaient fabriqués avec une vessie de porc ! Vers 1870, la découverte du caoutchouc a permis de produire des ballons de même forme.

Au fil des ans, les ballons s'allongent de plus en plus !

Les premières rencontres se déroulent sur des prairies.

Pourquoi le ballon n'est-il pas rond ?

Les ballons des premiers joueurs de rugby étaient presque ronds. Dans les années 1840, les joueurs ont testé des ballons en forme d'œuf, plus faciles à prendre en main et à plaquer contre le torse lors des courses. Le ballon ovale est officiellement adopté par la Fédération Anglaise de Rugby en 1877.

Faut-il être un géant pour jouer ?

Le rugby est un sport où tout le monde peut trouver sa place et montrer son talent. Une bonne équipe comporte forcément des gros, des grands, des maigres, des rapides, des forts, des endurants et des vifs. On dit qu'au rugby, il y a ceux qui jouent du piano et ceux qui les déménagent ! Selon leurs qualités, les joueurs ont des rôles très différents sur le terrain. C'est leur complémentarité qui fait la force de l'équipe.

Est-ce un jeu ou un combat ?

INCROYABLE !

Le rugby est le principal sport pratiqué à l'école militaire de West Point, aux États-Unis.
Les officiers américains estiment qu'il est idéal pour apprendre la discipline, le courage et la tactique !

C'est un sport de contact. Les rugbymen se défient pendant tout le match et cherchent à dominer leurs adversaires. Ils « jouent à la bagarre » dans le respect de règles précises qui ont pour but de favoriser le spectacle et de protéger les joueurs. Quand le combat est déloyal ou quand un joueur fait une faute qui met en danger un de ses adversaires, l'arbitre le punit.

À quel âge commence-t-on le rugby ?

Dans les clubs, l'école du rugby est ouverte à tous les enfants âgés de 5 à 14 ans. Les premières années, les éducateurs leur enseignent les bases du jeu, les gestes essentiels et les règles les plus simples lors des entraînements. Regroupés par catégories d'âge, ils participent aussi à des tournois régionaux.

Les entraîneurs aident les enfants à apprendre à jouer en équipe.

Est-ce un sport réservé aux garçons ?

Non, et les filles sont de plus en plus nombreuses sur les terrains. Jusqu'à 14 ans, elles jouent avec les garçons, dans des équipes mixtes. Ensuite elles s'affrontent dans leurs propres compétitions féminines, des championnats locaux à la Coupe du monde !

INCROYABLE !

Les Black Ferns néo-zélandaises sont aussi fortes que les All Blacks : elles ont gagné 4 des 6 premières Coupes du monde féminines en 1998, 2002, 2006 et 2010 !

L'esprit rugby, ça s'apprend ?

Les jeunes joueurs sont initiés aux passes, aux plaquages, aux gestes techniques, mais ce n'est pas tout. Dans une équipe, ils forment un groupe, une tribu où chacun se sent responsable des autres. Ils apprennent à vivre ensemble avec leurs différences, à vaincre leurs peurs, à respecter leurs adversaires et l'arbitre.

Les arrières vont-ils souvent vers l'avant ?

Dès qu'ils ont le ballon, comme tous les joueurs, les 7 arrières ne pensent qu'à avancer ! Les demis de mêlée (n° 9) et d'ouverture (n° 10) forment la charnière. Ce sont les meneurs, ils orientent le jeu. Les 2 centres (nos 12 et 13) et les 2 ailiers (nos 11 et 14) sont appelés les « trois-quarts ». Très polyvalents, les centres font circuler le ballon et plaquent avec efficacité. Les ailiers sont les plus rapides et savent bien feinter pour éviter les adversaires et marquer des essais. L'arrière, placé en retrait, reçoit les ballons envoyés au pied par ses adversaires.

ARRIÈRES
Arrière

Demi de mêlee 9

Qualités
- vif
- malin

Mission
- décider de jouer avec les avants ou avec les arrières

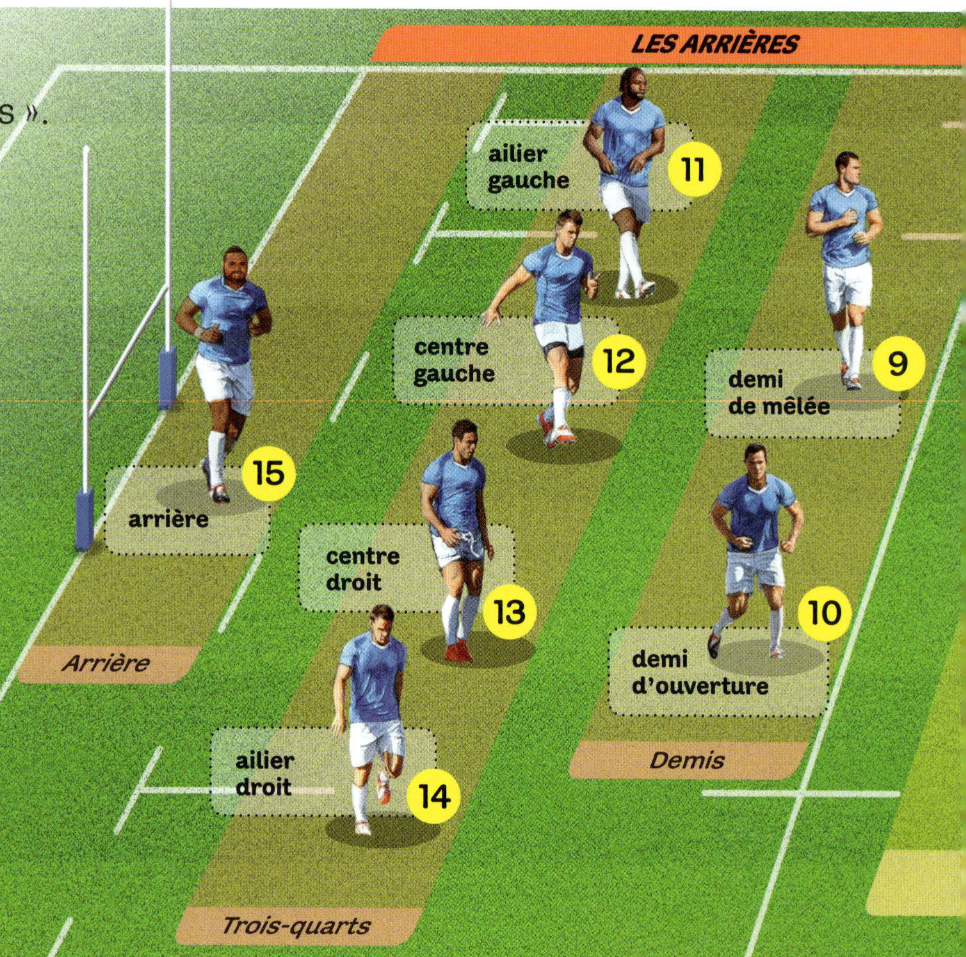

ARRIÈRES
Arrière

Arrière 15

Qualités
- adroit
- inspiré

Mission
- rattraper les ballons frappés au pied par l'adversaire
- intervenir partout dans la ligne d'attaque

ARRIÈRES
Trois-quarts

Ailier gauche 11
Ailier droit 14

Qualités
- rapides
- agiles

Mission
- contourner la défense
- aider l'arrière

ARRIÈRES
Trois-quarts

Centre gauche 12
Centre droit 13

Qualités
- costauds
- rapides

Mission
- perforer la ligne de défense adverse
- construire la ligne de défense

ARRIÈRES
Arrière

Demi d'ouverture 10

Qualités
- créatif
- rapide et précis

Mission
- organiser le jeu
- choisir de jouer au pied ou à la main

AVANTS
Troisièmes lignes

Aile gauche 6
Aile droit 7

Qualités
- polyvalents, endurants

Mission
- assurer la liaison entre les avants et les trois-quarts
- soutenir le porteur de balle

AVANTS
Troisième ligne

Centre 8

Qualités
- fort
- rapide

Mission
- rattraper les ballons joués au pied
- jouer les ballons derrière la mêlée

AVANTS
Deuxièmes lignes

Avant gauche 4
Avant droit 5

Qualités
- grands, bon sauteurs
- combatifs

Mission
- pousser en mêlée
- sauter en touche et sur les renvois

AVANTS
Premières lignes

Pilier gauche 1
Pilier droit 3

Qualités
- forts
- résistants

Mission
- pousser en mêlée
- soulever les sauteurs en touche et sur les renvois

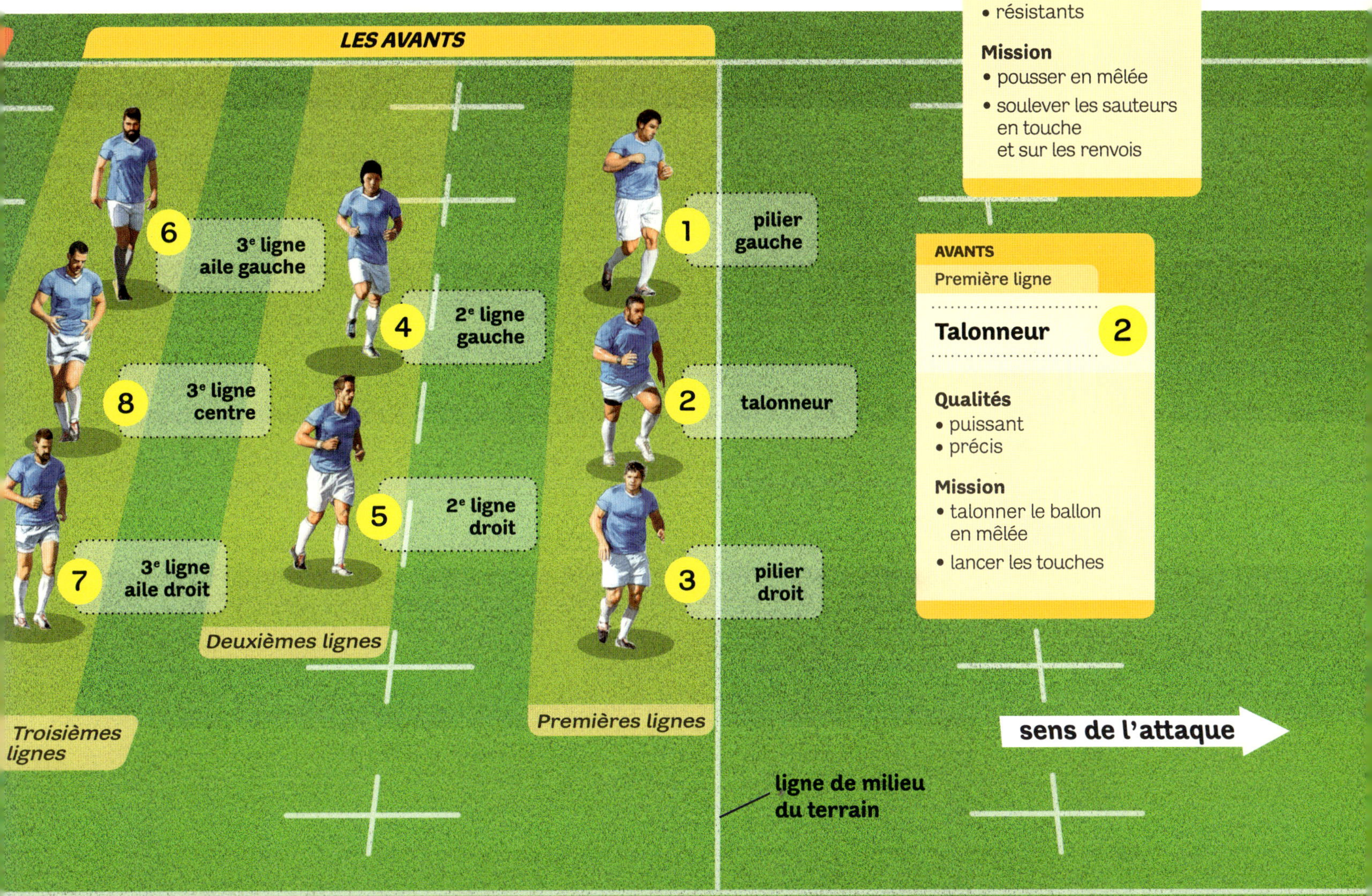

AVANTS
Première ligne

Talonneur 2

Qualités
- puissant
- précis

Mission
- talonner le ballon en mêlée
- lancer les touches

Qui surnomme-t-on les « gros » ?

Ce sont les avants qui forment la mêlée. Ils portent les numéros 1 à 8 et sont répartis en 3 lignes. Ces combattants assurent la conquête du ballon lors des mêlées et des touches, pour l'offrir à leurs arrières ou ils percutent les défenses adverses. Ils sont très courageux : on dit qu'ils mettent la tête là où personne n'oserait mettre le pied !

Grâce au bélier, les avants travaillent régulièrement leur position pour être efficaces collectivement.

Un bélier sur la pelouse ?

Le bélier désigne une machine qui sert à entraîner les avants pour la mêlée. Certains de ces béliers, appelés aussi « jougs de mêlée », peuvent même être réglés pour imiter les forces et les faiblesses des adversaires que l'équipe va affronter.

Tirer des charges placées sur un traîneau rend les joueurs de plus en plus costauds et de plus en plus rapides.

Pourquoi compare-t-on les rugbymen à des soldats ?

Comme les militaires, ils sont très courageux. Ils doivent souvent se sacrifier pour défendre leur terrain face aux attaquants ! Disciplinés et solidaires, ils suivent une stratégie qui a été préparée pour le match. Sur le terrain, chacun a un rôle très précis, une mission qu'il doit accomplir avant tout.

INCROYABLE !

Pour travailler la précision de leurs lancers en touche, les talonneurs utilisent parfois une épuisette ! Ils visent dans le filet tendu par un coéquipier à 10 mètres.

◀ Avec des sacs remplis de mousse et des boucliers de percussion, les joueurs apprennent à faire des plaquages efficaces sans se blesser.

Que fait le capitaine avant un match ?

Il donne les dernières consignes, motive ses équipiers réunis autour de lui et les encourage à se jeter dans la bataille. Épaule contre épaule, souvent regroupés selon leur poste, les joueurs se serrent comme des frères avant de rentrer dans l'arène.

Tous les joueurs ont-ils les oreilles en chou-fleur ?

Non, les oreilles en chou-fleur sont la caractéristique des avants, les hommes de la mêlée. À force de frottements, le cartilage des oreilles se déforme et les fait ressembler à ce légume. Aujourd'hui, les rugbymen se protègent avec des serre-tête, des casques en mousse et de la vaseline pour limiter les frottements.
Tous les joueurs à tout âge et de tout niveau portent des protège-dents en match comme aux entraînements.

Pourquoi passe-t-on le ballon en arrière ?

C'est l'une des règles de base du rugby et l'une de ses originalités : elle n'existe dans aucun autre sport collectif ! Quand un joueur fait une passe vers la ligne de but adverse ou quand le ballon tombe de ses mains par maladresse devant lui, c'est un « en avant ». L'arbitre siffle une mêlée avec engagement pour l'équipe adverse.

Le n° 5 en blanc est hors-jeu. Il est devant son coéquipier qui porte le ballon et il empêche les joueurs en noir de défendre correctement.

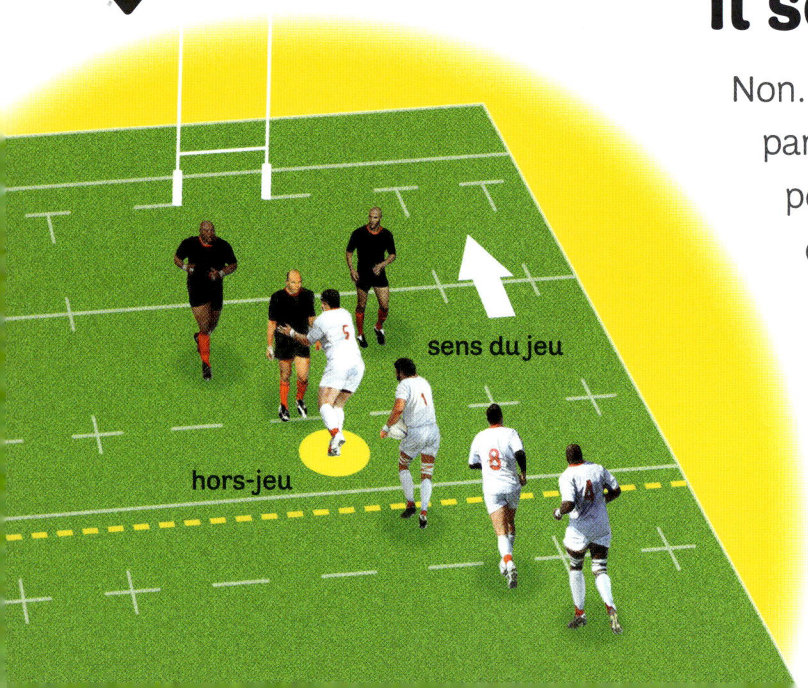

Quand un joueur est hors-jeu, il sort du terrain ?

Non. Dans le jeu courant, un joueur est hors-jeu par exemple quand il se trouve entre le ballon, porté par un de ses coéquipiers, et la ligne de but adverse. Il ne doit alors toucher ni le ballon, ni un autre joueur. L'arbitre peut aussi siffler un hors-jeu sur une touche, une mêlée ou un regroupement. C'est une règle compliquée.

L'arbitre siffle une pénalité : le bras est vers le haut, mais en direction de l'équipe fautive.

L'arbitre siffle une mêlée. Il désigne ensuite l'équipe qui bénéficie de l'introduction.

Les cartons rouge et jaune aident à sanctionner les fautes graves et sont aussi indispensables que le sifflet !

L'arbitre a-t-il les yeux partout ?

L'arbitre doit surveiller les trente joueurs à la fois ! Heureusement, il est aidé par deux assistants placés le long de la ligne de touche et, dans certains matchs par deux autres qui restent dans l'en-but, derrière les poteaux. Pendant le match, l'arbitre doit faire respecter les règles, mais il peut les interpréter à sa manière !

Si l'arbitre du match doute d'un essai, l'arbitre vidéo repasse plusieurs fois l'action sur son écran et valide ou non l'essai ; pas toujours facile !

Comment inscrit-on un essai ?

Il faut aplatir le ballon dans l'en-but adverse en exerçant une pression de haut en bas avec la main ou une partie de son corps comprise entre la taille et le cou. Cette action permet de marquer 5 points, et de tenter une transformation, valant 2 points supplémentaires. Le mieux est donc d'aplatir le ballon juste derrière les poteaux pour que la transformation soit plus facile.

INCROYABLE !

À l'entraînement, la star anglaise Jonny Wilkinson testait sa précision aux pénalités en visant les poteaux. Tant qu'il n'avait pas réussi, il continuait !

Le drop 3 pts

Le ballon est lâché des mains.

Il est frappé juste au moment où il rebondit sur le sol.

Le ballon peut aller très haut.

Peut-on marquer des points au pied ?

Il y a plusieurs manières de le faire en plus de la transformation. On peut marquer 3 points sur une pénalité, tentée à l'endroit où a été commise la faute adverse. On peut aussi inscrire 3 points en tapant un drop : on lâche le ballon et on le frappe juste au moment de son rebond sur le sol. Dans les deux cas, le but est de faire passer le ballon entre les deux poteaux, au-dessus de la barre transversale.

Le coup de pied de pénalité 3 pts

La transformation +2 pts

Dans une mêlée, qui s'emmêle ?

Ce sont les huits avants des trois premières lignes qui forment le « pack » de chaque équipe. Dans une première étape, ils se regroupent, se lient entre eux, puis ils s'arc-boutent pour pousser face aux avants de l'équipe adverse.

Le maul est une mêlée « spontanée » où l'un des joueurs reste debout et essaie d'avancer avec l'aide de ses coéquipiers qui viennent « se lier ».

Quel est le parcours du ballon ?

Quand le demi de mêlée (n° 9) de l'équipe qui n'a pas commis la faute introduit le ballon au centre de la mêlée, chaque pack pousse le plus fort possible. Le but est de récupérer le ballon. C'est le talonneur de chaque équipe (n° 2), placé au centre de la première ligne, qui est chargé de le ramener avec son talon vers l'arrière. Le demi de mêlée l'y attend pour le jouer et faire une passe en général vers le demi d'ouverture (n° 10).

Le n° 9 de l'équipe non fautive introduit le ballon au centre de la mêlée.

Le n° 6 de chaque équipe est toujours en face du n° 7 de l'équipe adverse.

Le « ruck » désigne une phase de jeu après un plaquage. Le plaqueur et le plaqué doivent s'écarter pendant que leurs partenaires luttent pour s'emparer du ballon.

Tout le monde peut pousser dans la mêlée ?

Seuls les avants bien entraînés ont le droit de jouer cette action car elle est très dangereuse quand elle n'est pas pratiquée par des spécialistes. Si des joueurs de première ligne sont blessés et sans remplaçants, on ne joue plus de véritables mêlées ! On fait des mêlées simulées où personne n'a le droit de pousser.

Comment stopper un adversaire ?

La manière la plus efficace, c'est le plaquage. Le défenseur fait tomber l'attaquant adverse qui court avec le ballon en l'attrapant entre les chevilles et les épaules. C'est un geste effectué plusieurs centaines de fois lors d'un match et qui n'est pas dangereux quand il est bien fait. Parfois, on peut aussi plaquer à deux : un joueur bloque les jambes du porteur du ballon pendant que l'autre lui ceinture le torse.

INCROYABLE !

Les meilleurs plaqueurs n'arrivaient pas à arrêter le surpuissant ailier néo-zélandais Jonah Lomu quand il était lancé. Il était surnommé « l'Autobus » ou « l'Homme montagne » par ses adversaires !

Qu'est-ce qu'une cravate ?

Il s'agit du nom donné à un plaquage effectué au niveau du cou. Très dangereux, ce geste réflexe est puni par une pénalité et parfois même par un carton jaune. Il est aussi interdit de plaquer un adversaire sans ballon ou lorsqu'il saute pour l'attraper.

Cravate et plaquage cathédrale sont deux actions interdites.

arrêt-buffet

Le porteur du ballon s'avance vers le défenseur et le défie.

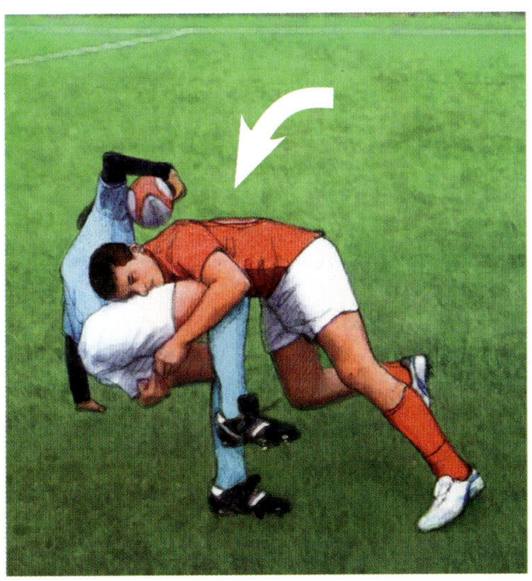

Il est plaqué en étant ceinturé au niveau du short.

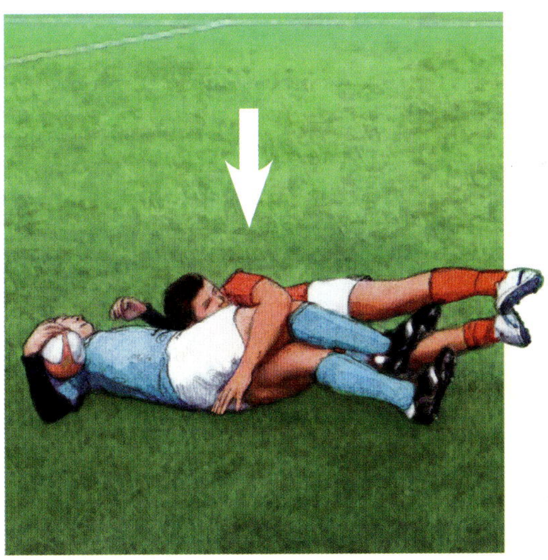

Il doit être amené au sol sans être soulevé.

Qui lance le ballon sur une touche ?

C'est souvent le talonneur qui effectue cette remise en jeu. Il a en face de lui quelques joueurs des deux équipes, séparés par un espace d'1 mètre minimum. Son ballon doit être lancé exactement au milieu de ce couloir. L'équipe qui bénéficie de la touche est avantagée car elle sait où le lanceur va l'envoyer.

▲ L'arbitre surveille que le jet est bien droit et qu'il n'avantage pas l'équipe du lanceur.

Tu parles « rugby » couramment ?

Au moment des touches ou des mêlées, un joueur crie à ses partenaires la combinaison qui va devoir être jouée : « Roudoudou » ou « Paris - Brest », une lettre, une couleur... Ce nom de code doit être simple pour être compris et exécuté par les joueurs de son équipe.

Certains rugbymen dansent-ils ?

Lors des touches, ils imitent les danseurs classiques quand ils portent les sauteurs qui vont essayer d'attraper le ballon. C'est un exercice difficile : il faut être parfaitement coordonnés et maintenir le plus longtemps possible les joueurs en l'air.

INCROYABLE !

Soulevés hors de la touche à 3,50 m de haut, ils doivent faire confiance à leurs porteurs et ne pas avoir la vertige!

Les sauteurs sont en général les deux « deuxième ligne », les plus grands de l'équipe. ▶

Gareth Edwards

Jean-Pierre Rives

Serge Blanco

Jonny Wilkinson

Quelles sont les stars du rugby ?

Le pays de Galles emmené par Gareth Edwards dans les années 1970, puis la France du capitaine Jean-Pierre Rives surnommé « Casque d'Or », et de l'arrière supersonique Serge Blanco. Dans les années 1990, après les Australiens et les Sud-Africains, les Anglais gagnent à leur tour les titres mondiaux grâce au pied magique de Jonny Wilkinson. Quant aux terribles All Blacks, ils sont toujours les favoris !

C'est quoi le haka ?

Les joueurs de l'équipe de Nouvelle-Zélande réalisent cette danse traditionnelle devant l'équipe adverse avant le début de chaque match. Elle leur donne de la force et du courage mais elle sert aussi à faire peur à leurs adversaires. Les All Blacks aiment les défier les yeux dans les yeux, avec des gestes de guerriers !

Springboks, Wallabies, Pumas... qui sont-ils ?

Dans le monde du rugby, ces antilopes, kangourous et félins sont les surnoms des joueurs de l'équipe d'Afrique du sud, d'Australie et d'Argentine. Et ils sont souvent féroces sur un terrain ! La nature a aussi inspiré le surnom des joueurs du XV de Roumanie appelés « les Chênes ». Parfois, c'est la couleur du maillot traditionnel qui compte : les Français sont surnommés « les Bleus »... même quand ils jouent en blanc !

INCROYABLE !

Quand ils venaient en tournée dans l'hémisphère Nord au début du xxe siècle, les All Blacks s'entraînaient sur le paquebot car le voyage durait plusieurs mois !!!

Un coq peut-il parfois manger une rose ?

Cela arrive quand l'équipe de France bat celle d'Angleterre car le coq est l'emblème des Français, et la rose celui des Anglais ! Ces deux équipes se rencontrent chaque année lors du tournoi des 6 Nations auquel participent aussi les Irlandais, les Écossais, les Gallois et les Italiens. Dans l'hémisphère Sud, la plus grande compétition annuelle est le « Four Nation » qui oppose les Sud-Africains, les Australiens, les Néo-Zélandais et les Argentins !

Trophées célèbres

Le trophée du tournoi des 6 Nations est remis en jeu chaque année. L'équipe qui perd tous ses matchs reçoit la cuillère de bois.

La coupe Webb-Ellis revient à l'équipe vainqueur de la Coupe du monde, tous les 4 ans.

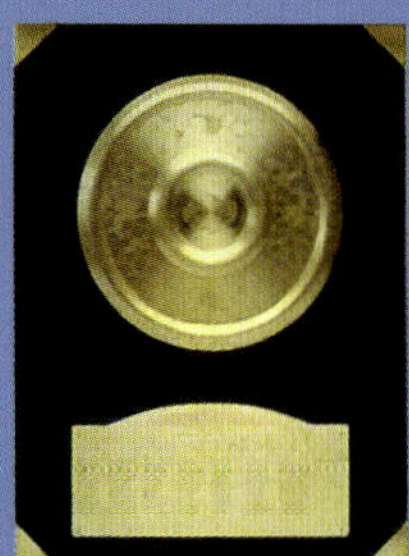

Le bouclier de Brennus récompense chaque année le club champion de France.

Combien de pays ont une équipe de rugby ?

Le rugby à XV est pratiqué à un bon niveau dans une centaine de pays et le nombre de joueurs ne cesse d'augmenter. Les Anglais sont les plus nombreux à jouer dans des clubs, amateurs ou professionnels, devant les Africains du Sud, les Français, les Australiens, les Néo-Zélandais et... les Japonais !

Peut-on être médaille d'or au rugby ?

Oui. Jusqu'en 1924, le rugby a été présent aux jeux Olympiques. Il n'a plus été invité en raison de la finale trop violente entre la France et les États-Unis en 1924. Après 80 ans d'absence, le rugby à VII lui permet de revenir aux jeux Olympiques de 2016.

Lexique

Alignement
Joueurs placés en file indienne au moment des touches.

Arrière
Ce joueur, placé le plus en retrait de l'équipe, est chargé de défendre et de relancer les attaques. Il porte le n° 15.

Chandelle
Tir au pied pour envoyer le ballon très haut.

Charnière
Association entre le demi d'ouverture (le n° 10), et le demi de mêlée, (le n° 9), deux joueurs très proches.

Cravate
Plaquage dangereux à la hauteur du cou.

Crochet
Changement de direction en pleine course pour surprendre l'adversaire.

Deuxième ligne
Elle réunit les joueurs portant les n° 4 et 5.

Drop
Coup de pied tombé tapé par le buteur de n'importe quel endroit du terrain, et quand il le souhaite.

Emblèmes
Chaque grande nation du rugby est représentée par un blason comme le trèfle pour l'Irlande, les plumes d'autruche pour le Pays de Galles ou le jaguar pour l'Écosse.

En-but
Zone derrière les poteaux où l'on marque les essais.

Hors-jeu
Position qui interdit au joueur de participer au jeu. S'il joue, il est sanctionné.

Mêlée
Remise en jeu après un « en avant » opposant les packs des deux équipes.

Passe
Il en existe de nombreuses ! Par exemple, elle peut être simple, « sautée » quand elle est destinée à un joueur éloigné, ou « vrillée » quand on souhaite accélérer la vitesse du ballon.

Piliers
Ces deux joueurs forment la première ligne avec le talonneur. Ils sont les spécialistes de la mêlée et portent les n°s 1 et 3.

Poteaux
Ils sont constitués de deux barres métalliques de 4,50 m au moins et séparés de 5,60 m, reliés par une barre transversale à 3 m du sol.

Première ligne
Elle est formée par les deux piliers et le talonneur.

Raffut
Geste de la main, paume ouverte, pour repousser un défenseur.

Talonneur
Joueur portant le n°2 et chargé de lancer en touche et de talonner en mêlée, c'est-à-dire d'envoyer le ballon vers l'arrière avec son talon.

Touche
Remise en jeu à la main quand le ballon est sorti sur l'un des côtés du terrain.

Tournoi des 6 Nations
Compétition annuelle entre l'Angleterre, l'Écosse, la France, l'Irlande, le pays de Galles et l'Italie.

Trois-quarts
En défense, ces joueurs empêchent l'adversaire de progresser en formant une barrière sur la largeur du terrain. En attaque, ils font circuler le ballon le plus vite possible. Ces joueurs portent les n°s 11, 12, 13 et 14.

Troisième ligne
En mêlée, elle forme la dernière ligne et doit ramener le ballon avec ses pieds vers l'arrière. Dans le jeu, la troisième ligne sert de relais entre les lignes d'avant et les demis. Elle regroupe les joueurs n°s 6, 7 et 8.

Textes : Jean-Michel Billioud

Avec les conseils de Didier Retière,
Directeur Technique National de la Fédération Française de Rugby

Illustrations : Jérôme Brasseur

L'éditeur remercie également Baptiste Billioud de son aide.

Photogravure : Jouve Saran

ISBN : 978-2-09-255765-5
Dépôt légal : juin 2015
Achevé d'imprimer en avril 2015 par Pollina (85400 Luçon, France) - L72018
N° de projet : 10208745
Loi n° 49-956 du 16 juillet 1949 sur les publications destinées à la jeunesse,
modifiée par la loi n° 2011-525 du 17 mai 2011

mes-questions-reponses.fr

www.nathan.fr